BEI GRIN MACHT SICH IHR WISSEN BEZAHLT

- Wir veröffentlichen Ihre Hausarbeit, Bachelor- und Masterarbeit

- Ihr eigenes eBook und Buch - weltweit in allen wichtigen Shops

- Verdienen Sie an jedem Verkauf

Jetzt bei www.GRIN.com hochladen und kostenlos publizieren

Tanja Berlin

Die Merkmale der griechischen Kultur

GRIN Verlag

Bibliografische Information der Deutschen Nationalbibliothek:

Die Deutsche Bibliothek verzeichnet diese Publikation in der Deutschen National-bibliografie; detaillierte bibliografische Daten sind im Internet über http://dnb.d-nb.de/ abrufbar.

Impressum:

Copyright © 2003 GRIN Verlag GmbH
Druck und Bindung: Books on Demand GmbH, Norderstedt Germany
ISBN: 978-3-656-20237-0

Dieses Buch bei GRIN:

http://www.grin.com/de/e-book/15880/die-merkmale-der-griechischen-kultur

GRIN - Your knowledge has value

Der GRIN Verlag publiziert seit 1998 wissenschaftliche Arbeiten von Studenten, Hochschullehrern und anderen Akademikern als eBook und gedrucktes Buch. Die Verlagswebsite www.grin.com ist die ideale Plattform zur Veröffentlichung von Hausarbeiten, Abschlussarbeiten, wissenschaftlichen Aufsätzen, Dissertationen und Fachbüchern.

Besuchen Sie uns im Internet:

http://www.grin.com/

http://www.facebook.com/grincom

http://www.twitter.com/grin_com

Die Merkmale der griechischen Kultur

von

Tanja Jürß

Katholische Fachhochschule Norddeutschland
Tbs III Hamburg
Studiengang: Diplom Sozialpädagogik/Sozialarbeit

- Skript zum Referat am 19.06.2003 -

Die Merkmale der griechischen Kultur,
unter Berücksichtigung der Kriterien nach Geert Hofstede

1

Studienbereich II: Kulturelle Diversität

Vorgelegt von : Tanja Katrin Jürß

---

[1] **Griechische Flagge:** www.herz-kinder.de

Gliederung

1. Der Kulturbegriff nach Geert Hofstede:

„Die Welt steckt voller Konfrontationen zwischen Menschen, Gruppen und Völkern, die unterschiedlich denken, fühlen und handeln." Dieses unterschiedliche denken, fühlen und handeln wird nach G. Hofstede als mentale Programmierung verstanden, die ein Leben lang erlernt und verfestigt werden.

Die Quellen unserer mentalen Programme liegen im sozialen Umfeld in dem wir aufgewachsen sind und unsere Erfahrungen gesammelt haben, wie z.b. in der Familie, Kindergarten, Schule, bei Freunden und in der Partnerschaft. Das heißt Kultur ist immer spezifisch erlernt und nicht vererbt, sie stammt von unserem sozialen Umfeld ab, nicht aus unseren Genen.

Aber auch wenn die Menschen, Gruppen und Völker dieser Erde in ihren Kulturen individuell sind, so stehen sie alle gemeinsamen vor z.b. ökologischen, wirtschaftlichen oder militärischen Problemen, die eine gemeinsame Zusammenarbeit erfordern. Um weltweite, praktikable Lösungen für diese Probleme zu finden, ist hierbei das Verständnis der kulturellen Unterschiede eine Vorrausetzung.[2]

Zitat von Michael Guttenbrunner- Eine Landstreifung:

„Es ist unmöglich, ein Land wie Griechenland so zu beschreiben und darzustellen, dass es endlich mit allen Formen und in allen Gestalten seiner Höhen und Tiefen und bis in seine Eingeweide, gleich aufgedeckten Irrgängen, klar und wie von oben gesehen, vor unserm Blick liegt." [3]

Im folgenden Referat möchte ich nun, trotz der Aussage des Zitates versuchen, Euch die griechische Kultur näher zu bringen.

2. Griechenland in Daten

Lage:

Griechenland liegt am Mittelmeer und grenzt im Norden an Albanien, die ehemalige jugoslawische Republik Mazedonien, an Bulgarien und im Nordosten an die Türkei. Im Osten liegt das Ägäische Meer, im Westen das Ionische Meer.[4]

---

[2] vgl. Hofstede, G.: Lokales Denken, globales Handeln, 2. Aufl. 2001. S 1ff
[3] Guttenbrunner, M.: Griechenland. Eine Landesstreifung,1 .Aufl. 2001 S.24
[4] Microsoft® Encarta® Enzyklopädie 2002

Genau 9841 Inseln gehören zu Griechenland - dies ist ein Europa Rekord. 114 der Inseln sind bewohnt. Die bekanntesten Inseln sind hierbei Rhodos, Korfu, Mykonos, Santorin, Samos, Zakynthos und Kreta.[5]

Nationalflagge (siehe Deckblatt):

Über die Bedeutung der Flagge gibt es in der Literatur viele versch. Meinungen. Eine Vermutung die mehrmals vorkommt ist, das Blau symbolisiert das Meer, das Weiß den Himmel und das Kreuz ist byzantinischen Ursprungs, und soll auf die Verbundenheit mit der Kirche und der Orthodoxie (Rechtgläubigkeit) hinweisen.

Allgemeines Staatsname: Griechische Republik (neugriechisch: Ellinikí Dimokratía)

Staatsform: Parlamentarische Republik

[2] Staatspräsident der Republik Griechenland ist Konstantinos Stefanopoulos

Nach der Verfassung vom 11 Juni 1975 ist der Präsident Staatsoberhaupt und zugleich Oberbefehlshaber der Streitkräfte. Er wird vom Parlament für eine Amtszeit von fünf Jahren gewählt. Für alle Bürger ab 18 Jahre besteht Wahlrecht. Griechenland wurde 1981 Mitglied der Europäischen Gemeinschaft (jetzt Europäische Union).[6]

Fläche Gesamtgriechenland: 131 957 km²

Hauptstadt: Athen (Athína)

Bevölkerung: Griechenland hat 10 623 835 Einwohner (2001).

Die Bevölkerungsdichte liegt bei 81 Einwohnern pro Quadratkilometer.

Die durchschnittliche Lebenserwartung ist mit 78,6 Jahren sehr hoch. Ein Großteil der Stadtbewohner lebt in den Ballungsgebieten Athen und Thessaloniki.

---

[5] Reisebild-Spezial März 2003, Axel Springer Verlag AG/Hamburg S. 119
[2] www.griechischebotschaft.de: Politik
[6] Microsoft® Encarta® Enzyklopädie 2002

Sprache: Neugriechisch (Amtssprache), Englisch

Religion: 97% der Griechen sind griechisch-orthodox;
　　　　　3 % moslemische, jüdische, protestantische und katholische Minderheiten.

Anzahl der in Deutschland lebenden Griechen:

Ende 1999 lebten laut Angaben des Ausländerzentralregisters insgesamt 7,344 Mio. Ausländerinnen und Ausländer in der Bundesrepublik Deutschland. Das entsprach einem Anteil von ca. 9% an der Gesamtbevölkerung in Deutschland. Ungefähr 1,4 Millionen waren hiervon Griechen.[7]

3.Die griechische Kultur anhand der vier Dimensionen Geert Hofstedes

Um die Unterschiede zwischen nationalen Wertesystemen zu untersuchen, hat Geert Hofstede in einem großen multiinternationalen Konzern mit dem Namen IBM, Menschen aus über 50 Ländern in der ganzen Welt befragt. Die statistische Auswertung der Antworten aus der Untersuchung brachte gemeinsame Probleme aller Kulturen zutage, aber je nach Land unterschiedliche Lösungen.

Die vier Grundproblembereiche, die empirisch erschlossen worden sind, stellen Dimensionen von Kultur dar (eine Dimension ist ein Aspekt von Kultur), auf die ich im folgenden näher eingehen möchte.

3.1. Die Dimension Machtdistanz

Griechenland liegt bei der Untersuchung von G. Hofstede zum Thema „**Machtdistanz**" bei einem Wert von 60 Punkten auf der 27/28 Position, also fast Mittig. Die Machtdistanz definiert die Abhängigkeit von Beziehungen untereinander, wie z.B. in der Familie, Schule, Arbeit oder Gesellschaft.[8]

Nach der Untersuchung von G. Hofstede bedeutet dies, dass Griechenland eine durchschnittlich hohe Abhängigkeit von Beziehungen innerhalb der Kultur hat. Im folgenden möchte ich die Dimension Machdistanz anhand der familiären Abhängigkeit darstellen.

---

[7] www.go.bc.bw.schule.de: Daten und Fakten
[8] vgl. Hofstede, G.: Lokales Denken, globales Handeln, 2. Aufl. 2001. S 32

3.1.1. Die familiäre Abhängigkeit

Wie bei fast allen mediterranen Völkern, ist die Beziehung zwischen Mutter und Sohn besonders eng. Es gibt Mütter die wegen ihres verstorbenen Sohnes ein Leben lang schwarz tragen. Viele junge Leute gehen zwar weg vom Land in die Stadt, jedoch überqueren manche Söhne die halbe Welt um ihre kranke Mutter zu sehen

Die soziale Schicht der Familienmitglieder ist meist ausgeglichen, da alle füreinander Sorge tragen, Ungleichheit wird somit meist vermieden. Beispielsweise hat Griechenland 127 Millionen Olivenbäume, die auch das grüne Gold genannt werden weil sie einen großen wirtschaftlichen Ertrag bringen. Statistisch gesehen hat also jeder Grieche, egal ob aus der Stadt oder vom Land, zwölf Bäume. Tatsächlich gibt es nur sehr wenige Familien die nicht über ein paar Olivenbäume verfügen, denn jedes Jahr zur Erntezeit im November bricht ein wahrer Urlaubsboom auf dem städtischen Arbeitsmarkt aus, und ganz Griechenland befindet sich im Ausnahmezustand.[9]

Bevor ein griechisches Paar heiratet, wird von den beiden Vätern die sogenannte *Prika*, die Mitgift ausgehandelt. Die *Prika* macht den finanziellen Status der Familie deutlich, der für das meist tagelange Hochzeitsfest sehr wichtig ist. Obwohl die *Prika* 1983 durch Gesetz abgeschafft wurde, bedeutet dies jedoch keine grundlegende Änderung. Der Brauch der Mitgift wird ganz oder in verfeinerter Gestalt fortgeführt, wie beispielsweise; die Wichtigkeit des beruflichen Status des Ehemannes und dem familiären Status seiner Familie. Oftmals kommt ein Mädchen schon mit ihrer *Prika* auf die Welt, und diese vermehrt sich, z.B. durch Feste wie die Taufe, bei der häufig Grundstücke geschenkt werden. Da der griechische Mann nach der Hochzeit immer in das Haus der Frau zieht, gehört natürlich auch dies neben Bettwäsche, Geschirr, Töpfen usw. zur Mitgift. Die Eltern mehrerer Töchter haben dadurch eine meist Lebenslange finanzielle Belastung.[10]

3.1.2 Schulpflicht

Die Vorschulerziehung von griechischen Kindern beginnt mit vier Jahren und endet mit der Schulpflicht im Alter von sechs Jahren. Die Einrichtungen ähneln den deutschen Kindergärten und Schulen, jedoch findet die Erziehung und Förderung der Kinder in Griechenland ganztags statt. Die Schulpflicht endet in Griechenland mit 15 Jahren, ein Schulabschluss kann auch über den zweiten Bildungsweg nachgeholt werden[11]

---

[9] vgl. Moir, A.: KulturSchlüssel Griechenland, 1.Aufl.2002.S. 53
[10] vgl. Meraklis, M.G.: Damals-Heute-Damals, 1.Aufl. 2000 S. 28
[11] www.griechische-botschaft.de, Die Erziehungsstufen in Griechenland

3.2. Die Dimension Individualismus-Kollektivismus

Den **Individualismus** beschreibt Geert Hofstede als „Gesellschaften, in denen die Bindungen zwischen den Individuen locker sind: man erwartet von jedem, dass er für sich selbst und seine unmittelbare Familie sorgt", wie z.b. in der Kernfamilie. Den **Kollektivismus** beschreibt er dagegen als „Gesellschaften in denen der Mensch von Geburt an in starke, geschlossenen Wir-Gruppen integriert ist, die ihn eine Leben lang schützen und dafür bedingungslose Loyalität verlangen", wie z.b. in der Großfamilie. [12]

Griechenland ist bei der Untersuchung Individualismus- Kollektivismus mit 35 Punkten auf der 30 Position. Dieses Ergebnis ist bei 53 Positionen wieder fasst mittig. In Bezug auf die Untersuchung von G. Hofstede bedeutet dies Griechenland ist weder stark individualistisch, noch stark kollektivistisch geprägt. [13]

Im folgenden möchte ich die Dimension Kollektivismus- Individualismus anhand der griechischen Familienstruktur darstellen.

3.2.1. Die griechische Familienstruktur

Die Familien übernehmen in Griechenland in erster Linie die Altersversorgung, dass heißt untereinander wird die finanzielle Versorgung und Hilfe bei Krankheit geregelt. Zu einer griechischen Familie im engeren Sinne gehören die Eltern, die Kinder, die Großeltern, die Urgroßeltern, die Onkel und Tanten, die Cousins und Cousinen (auch zweiten und dritten Grades), sowie die Neffen und Nichten

Auch wenn die einzelnen Familienmitglieder in der ganzen Welt verstreut sind, bleibt das Zusammengehörigkeitgefühl immer bestehen.

Griechische Familien legen großen Wert auf ihre gemeinsamen Feste, wie die Taufe, den Namenstag oder die Trauerfeiern bei Beerdigungen. Für die Familienfeste wird weltweit ins heimische Dorf angereist und die immer mehr werdenden Kernfamilien aus den Städten treffen sich gemeinsam auf dem Land. Das wichtigste Ereignis im Leben eines Griechen ist die Hochzeit, da erst die Gründung einer Familie ihn zum vollwertigen Menschen der griechischen Gesellschaft macht.

Die griechischen Kinder werden von ihren Eltern abgöttisch geliebt und dementsprechend verwöhnt. Also dürfen die Kinder auch ruhig bis nach Mitternacht in der Taverne herum spielen, ohne das es jemanden stört. Weiterhin wird Wert darauf gelegt, dass die Kinder ihre eigene

---

[12] vgl. Hofstede, G.: Lokales Denken, globales Handeln, 2. Aufl. 2001. S 66
[13] vgl. Hofstede, G.: Lokales Denken, globales Handeln, 2. Aufl. 2001. S 78f

Meinung haben und diese mit Respekt vor der anderen Meinung vertreten. Dadurch kommt es zu häufigen Unstimmigkeiten zwischen Familienmitgliedern, insbesondere zwischen den Jüngeren und Älteren, jedoch bleibt das Verhältnis zwischen den griechischen Eltern und ihren Kindern zeitlebens eng und unbeschwert.[14]

Sich die Namen der Griechen zu merken ist nicht allzu schwer, da diese meist von der Familie immer weiter gegeben werden. Eine Untersuchung hat herausgestellt, dass eine Vielzahl der männlichen Griechen mit Vornamen Jannis, Jorgos, Dimitrie, Stavros oder Kostas, und die Frauen oftmals Maria, Sophia oder Eleni heißen. Auch die Nachnamen ähneln sich oft, beispielsweise haben sie die gleichen Endungen wie auf Kreta z.b. Spiridakis, Leftakis. Der Namenstag (z.B. 6. Dezember steht für den Namen Nikos-Nikolaus) ist bei den Griechen wichtiger als der Geburtstag und so feiern sehr viele Griechen am gleichen Tag, was die Sache für Freunde und Familie natürlich ungemein erleichtert. [15]

3.2. Die Dimension Maskulinität– Femininität

Die Dimension Maskulinität – Femininität beschreibt die Stärke der erlernten traditionellen Rollenverteilung von Mann und Frau innerhalb einer Kultur. Männer werden in einer traditionellen Kultur durchschnittlich mit härteren Werten, Frauen mit weicheren Werten programmiert, jedoch gibt es in jedem Land kulturelle und geschlechtsspezifische Unterschiede.

Die traditionellen maskulinen Werte gelten als stark, leistungsorientiert, wettbewerbsorientiert, und dominant. Traditionelle feminine Werte sind hingegen häuslich, familienorientiert, sozial, gefühlsbezogen und fürsorglich[16]

Griechenland hat bei der Untersuchung von G. Hofstede mit 57 Punkten die 18-19 Position von 53 Positionen erreicht.[17] Der etwas höhere Maskulinitätswert bedeutet, dass die traditionelle Rollenverteilung der Geschlechter in der griechischen Kultur überwiegend eingehalten werden, und die Kultur insgesamt eher maskulin ist.

Dies möchte ich anhand einiger Beispiele aus der Rollenverteilung innerhalb der griechischen Familie darstellen.

3.2.1. Rollenverteilung innerhalb der griechischen Familie

Die Rollenverteilung innerhalb der griechischen Familien ist streng geregelt. Die Frau ist Mutter und Hausfrau, der Mann der Versorger der Familie. Die Frau steht unter der meist dominanten

---

[14] vgl. Moir, A.: KulturSchlüssel Griechenland, 1.Aufl.2002.S. 88f
[15] vgl. Moir, A.: KulturSchlüssel Griechenland, 1.Aufl.2002.S. 89
[16] vgl. Hofstede, G.: Lokales Denken, globales Handeln, 2. Aufl. 2001. S 112
[17] vgl. Hofstede, G.: Lokales Denken, globales Handeln, 2. Aufl. 2001. S 117

Hand der sogenannten *pethera*, der Schwiegermutter, die jeden ihrer Schritte überwacht, und der die Schwiegertochter fast blinden Gehorsam abverlangt. Erst mit der Geburt eines Sohnes, hat die Frau im Haus das uneingeschränkte „Sagen", denn dann wird auch ihre Rolle als Schwiegermutter irgendwann kommen. [18]

Nach außen hin vertritt im Worte der Mann die Familie, jedoch nur bis zur Türschwelle. Alles was innerhalb des Hauses geschieht, wird von der Frau angeordnet. Bei aller häuslicher Macht, sind der Frau außerhalb des Hauses enge Grenzen gesetzt. In einer Ehe hat der Mann das recht jederzeit zu flirten (besonders mit den Urlauberinnen), der Frau ist dies streng untersagt. Schon die Unterhaltung mit einen anderen Mann kann zu Unstimmigkeiten führen. Bei der Hochzeit nimmt die Frau den Namen ihres Mannes an.

In ihrer freien Zeit sitzen die Männer und jüngeren Frauen, regelmäßig in den *Kafenions* (Cafes), denn diese sind auf dem Land Jugendzentrum, Kino, Stammkneipe, Wärmestube und Altenheim in einem. Die älteren Frauen sitzen jedoch viel lieber auf den Bänken vor den Kirchen.[19]

3.2.2. Gefühle

Gefühle sind bei den Griechen eindeutig den Frauen bestimmt. Die Männer halten sich aus diesem Thema völlig heraus. So kommt es auch, dass beispielsweise Tod und Trauer eine Sache der Frauen ist. Wenn der Tote eine Witwe hinterlässt, trägt diese ihr ganzes restliches Leben schwarz. Die **Mavrofora,** die Trauerkleidung, prägt das Bild der meisten Dörfer auf dem Land. Der griechische Mann hingegen begnügt sich mit einem schwarzen Flor (Trauerband), dass er gleich nach dem Begräbnis wieder abstreift. Die Begräbniszeremonie, mit dem *mirolojia*, dem Totenlied, liegt ausschließlich in den Händen der Frauen. Im ersten Jahr besucht die Witwe das Grab ihres verstorbenen Mannes täglich und hält die Flamme des Öllämpchens am Brennen. Dies signalisiert die Verbindung zum Jenseits. Die Männer lassen die Gräber ihrer Frauen oftmals verwildern. [20]

3.2.3. Wettbewerb um den Wohlstand

Bei den griechischen Männern, aber auch bei den jüngeren Frauen nimmt die Bedeutung des Wohlstandes stark zu. Gerade unter den jüngeren griechischen Männer entsteht immer mehr Konkurrenzkampf bei den materiellen Dinge.

Wohlstand bedeutet bei den Männern ein ansehnliches Haus für die Familie zu bauen, mehrere Olivenbäume zu besitzen, ein für die Familie ausreichend großes Auto zu fahren, genug Geld für

[18] vgl. Meraklis, M.G.: Damals-Heute-Damals, 1.Aufl. 2000. S. 32
[19] vgl. Moir, A.: KulturSchlüssel Griechenland, 1.Aufl.2002.S. 86
[20] vgl. Moir,A.:KulturSchlüssel Griechenland, 1.Aufl.2002. S. 82ff

die kostspieligen Feste und die *prika* (Mitgift) für die Hochzeit der Kinder sparen zu können, sowie immer genug Geld in der Tasche zu haben, um die Dorfbewohner zum Essen und Trinken einzuladen. Denn wenn die Griechen Mitteinder Essen gehen, bezahlt aus der Tradition heraus immer nur einer der Männer das gesamte Essen.[21] Für die jüngeren Frauen bedeutet der Wohlstand heutzutage in den Städten zu wohnen und einkaufen gehen zu können, in den Bars selbst zu bezahlen und ein eigenes Auto zu fahren.

3.3. Die Dimension Unsicherheitsvermeidung

Der Begriff **Unsicherheitsvermeidung** (uncertainty avoidance) stammt aus dem amerikanischen und bedeutet, neuen, ungewissen Situationen die man nicht kennt, vorsichtig zu begegnen, z.B. die Ungewissheit vor der Zukunft. Das Gefühl der Unsicherheit, also vor dem Ungewissen, gehört zum kulturellen Erbe einer Gesellschaft und wird von fundamentalen Institutionen, wie der Familie, der Schule und dem Staat weitergegeben und verstärkt. Dieses Gefühl drückt sich laut G. Hofstede u.a. in nervösem Stress und einem Bedürfnis nach Vorhersehbarkeit aus; ein Bedürfnis nach geschriebenen und ungeschriebenen Regeln. [22]

Griechenland liegt bei der Untersuchung von Geert Hofstede zum Thema „Unsicherheitsvermeidung" mit 112 Punkten auf Position 1 (!) von 53 Positionen. Dies bedeutet, dass Griechenland die stärkste Unsicherheitsvermeidung aufweist. In Ländern mit hoher Unsicherheitsvermeidung ist das Angstniveau relativ hoch. Es sind Kulturen die mit den Händen sprechen, wo viel laut gesprochen wird und auch mal auf den Tisch gehauen wird.[23] Die Unsicherheitsvermeidung innerhalb der griechischen Kultur möchte ich nun anhand einiger Beispiele darstellen.

3.3.1. Die griechische Kommunikation

Redet ein Grieche, wirkt es oft so, als hielte er ein Plädoyer vor unsichtbaren Geschworenen, die er mit allen argumentativen Kniffen und mit einer atemberaubenden Rhetorik von seinem Standpunkt zu überzeugen versucht. Zu diesem Zwecke muss er immer die Hände frei haben, und hört man mal einen Griechen leise sprechen, so kann man davon ausgehen, dass er 10 Meter weiter auf der

---

[21] vgl. Moir, A.: KulturSchlüssel Griechenland, 1.Aufl.2002.S. 82ff
[22] vgl. Hofstede, G.: Lokales Denken, globales Handeln, 2. Aufl. 2001. S 155ff
[23] vgl. Hofstede, G.: Lokales Denken, globales Handeln, 2. Aufl. 2001. S 162

anderen Straßenseite steht. Griechen beziehen zu jedem Thema Stellung und diskutieren mit Vorliebe.[24]

3.3.2. Alkohol in Griechenland

Kulturen mit einer hohen Unsicherheitsvermeidung haben als Ventil für den Stress, einen tendenziell höheren Alkoholkonsum. Bei der griechischen Kultur kann man dies nur bestätigen, den der Alkohol nimmt bei den Griechen einen hohen Stellenwert ein. Wer kennt nicht das Lied „griechischer Wein" womit die hundert von verschiedenen Weinsorten wie z.b. der *Retsina* (Weißwein mit Harz) oder der *Krasi* (offener Wein vom Fass) gemeint sind. Weiter bekannt sind vor allem der *Ouzo* (Anisschnaps, gehört zu jedem Essen dazu), den man nie als Geschenk für den griechischen Gastgeber mitbringen darf, und der *Metaxa* (ein dem Cognac vergleichbarer Weinbrand).[25]

3.3.3. Autofahren als Risiko

Menschen aus Kulturen mit hoher Unsicherheitsvermeidung sind oftmals bereit bekannte Risiken, die sie abschätzen können, einzugehen. Hierzu zählt beispielsweise das schnelle Autofahren. Obwohl es ein Risiko ist, weil man nicht weiß ob ein Unfall passiert oder nicht, ist diese Beziehung positiv; das Bedeutet stärkere Unsicherheitsvermeidung gleich schnelleres Fahren.[26]

Die Griechen kennen beim Autofahren nur ein Motto „*Eleftheria i thanatos*" Freiheit oder Tod. Die Waffen der griechischen Autofahrer sind hierbei die Hupe und das Lichtsignal. Ohne das Tempo zu drosseln fährt der Grieche durch die verstopften Straßen. Hierbei sind weder der Seitenstreifen noch die Gegenfahrbahn tabu. Die scharfen Kurven einer Gebirgsstraße geben ihm Gelegenheit, die Verlässlichkeit der Heiligen zu erproben, die an der Windschutzscheibe kleben. Und schaltet die Ampel mal auf Rot, so sind es sicher nur die Touristen die davor halten.[27]

Kleine Geschichte:

„Als Jannis gestorben war, steht er an der Himmelstür und bittet um Einlass. Petrus will wissen, was Jannis denn so auf Erden getrieben hat. >>Ich habe die Menschen von Diafani nach Lutron und wieder zurück gefahren << Daraufhin darf Jannis den Himmel betreten. Kurz darauf klopft ein Priester bei Petrus an. Auch er wird nach seinen irdischen Taten befragt. >> Ich habe nur für Gott gelebt, ich habe gebetet und in der Kirche gepredigt << Doch Petrus versperrt ihm den Weg! Der

---

[24] vgl. Moir, A.: KulturSchlüssel Griechenland, 1.Aufl.2002.S. 115f
[25] vgl. Moir, A.: KulturSchlüssel Griechenland, 1.Aufl.2002.S. 106
[26] vgl. Hofstede, G.: Lokales Denken, globales Handeln, 2. Aufl. 2001. S 164f
[27] vgl. Moir, A.: KulturSchlüssel Griechenland, 1.Aufl.2002.S. 196

Priester ist empört, warum darf ich als Gottesfürchtiger Mann nicht herein, während ein einfacher Busfahrer in den Himmel kommt? >> Ja, siehst Du mein Sohn, antwortet Petrus, wenn Du in der Kirche gepredigt hast, sind die Menschen eingeschlafen. Aber wenn Jannis die Menschen nach Lutron gefahren hat, fingen alle an zu beten!" [28]

4. Schlussbetrachtung:

Da die griechische Kultur mit dem höchsten Punktewert auf der 1 Position bei der Untersuchung zum Thema Unsicherheitsvermeidung von G. Hofstede liegt, wollte ich dieses eindeutige Ergebnis für mein Referat noch einmal „in meinen Möglichkeiten" überprüfen, um zu sehen ob die Griechen wirklich so eindeutig im Bereich der „Unsicherheitsvermeidung" reagieren.

Hierzu habe ich einen selbst erstellten Fragebogen an 30 griechische Personen verteil und ausfüllen lassen, etwa 1/3 der Befragten leben in Griechenland und 2/3 der Befragten in Deutschland.
In diesem Fragebogen habe ich unter anderem folgende Fragen zum Thema „Unsicherheit" gestellt.

4.1. Fragebogen Auswertung- zum Thema Unsicherheitsvermeidung

1) **Würden Sie ihren Arbeitsplatz kündigen, ohne eine neue Tätigkeit in Aussicht zu haben?**

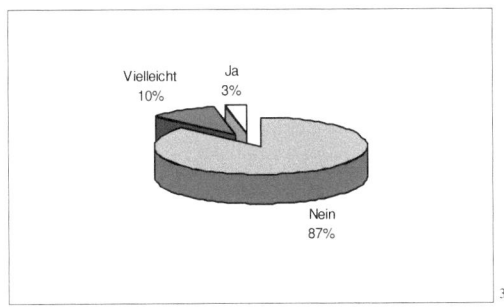

(gesamte 1/3 der in Griechenland lebenden Griechen bei Nein)

---

[28] vgl. Moir, A.: KulturSchlüssel Griechenland, 1.Aufl.2002.S. 197

2) Wie häufig sind Sie bei der Arbeit nervös und angespannt?

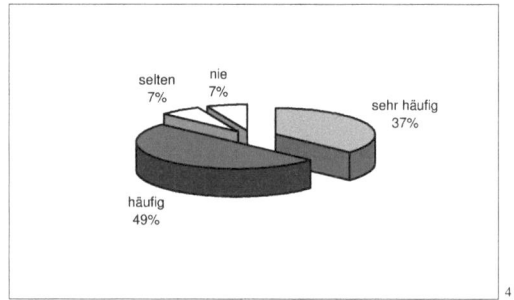

(1/3 der in Griechenland lebenden Griechen bei sehr häufig und häufig)

3)Wie lange werden Sie ihrer Einschätzung nach noch in Ihrer Arbeit tätig sein?

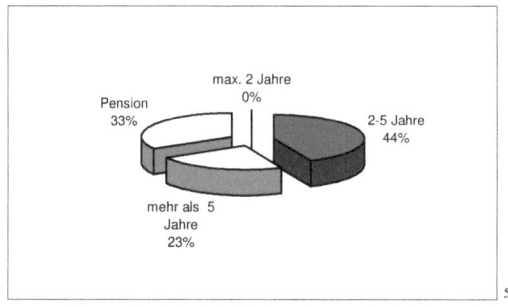

(1/3 der in Griechenland lebenden Griechen gleich verteilt)

4) Wie wichtig ist Ihnen die Straßenverkehrsordnung? (Bestehung von Regeln)

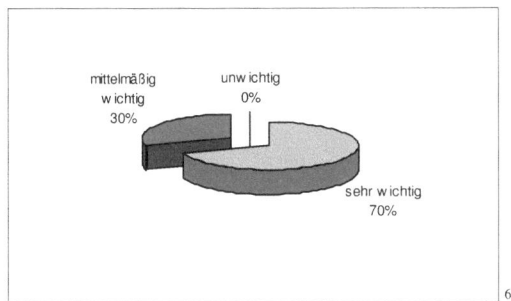

(fast gesamte 1/3 der in Griechenland lebenden Griechen bei sehr wichtig)

5) Wie oft halten sie sich an die bestehenden Regeln der StVO,
z.B. Geschwindigkeitsregelungen? (Einhaltung von Regeln)

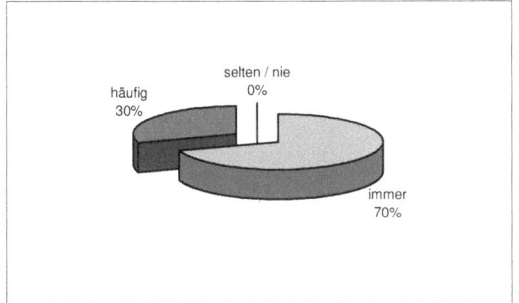

(fast gesamte 1/3 der in Griechenland lebenden Griechen bei immer)

6) Können Sie ihre Gefühle z.b. Wut, Angst oder Freude offen zeigen?

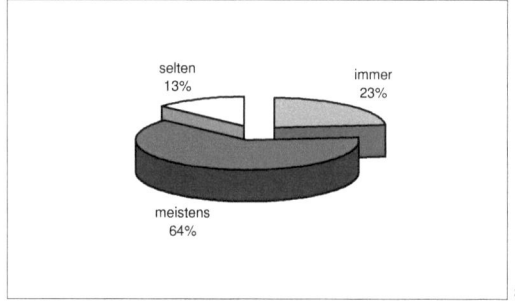

(gesamte 1/3 der in Griechenland lebenden Griechen bei immer und meisten)

Fazit:

Etwa 70% der Griechen finden, dass Regeln, wie z.b. die StVO immer eingehalten werden müssen, und diese 70 % halten ihrer Meinung nach auch bestehende Regeln immer ein => Realität sieht laut 3.3.3. Autofahren als Risiko anders aus. (Unsicherheitsvermeidung= Regeln um unvorhersehbare Situationen zu vermeiden)

Obwohl insgesamt 86 % in ihrer Arbeit häufig bis sehr häufig gestresst sind, gehen 23% davon aus dass sie noch mehr als 5 Jahre, und 33% bis zur Pension, in ihrer Arbeit tätig sein werden.

87 % der Befragten würden ihren Arbeitsplatz nicht kündigen, ohne eine neue Stelle in Aussicht zu haben. (Unsicherheitsvermeidung= Unvorhersehbare Zukunft in neuer Tätigkeit)

23 % der Befragten Griechen können ihre Emotionen immer, und 64 % der Befragten meistens zeigen.

Bei den Antworten gibt es Unterscheidungen, ob die griechischen Personen in Deutschland oder Griechenland leben. Bei den Antworten der Griechen, die in Griechenland leben, zeigt sich eindeutiger die Unsicherheitsvermeidung in den Lebenssituationen. Die in Deutschland lebenden Griechen haben unterschiedliche Antworten, mit unterschiedlicher stark ausgeprägter Unsicherheitsvermeidung gegeben.

Kleines „Wörterbuch" der griechischen Sprache: [29]

deutsch	griechisch
guten Morgen	kaliméra
guten Tag	chérete
guten Abend	kalispéra
gute Nacht	kaliníchta
Hallo! (Du)	jáßu /jaßas
Auf Wiedersehen	andío
Wie geht es Dir?	ti kánis
Wie geht es Ihnen/Euch?	ti kánete
Danke	efcharistó
Bitte	parakalo
Ich heiße...	me léne
Entschuldigung	Signomi
morgen	áwrio
heute	ßímera
Sprechen Sie Deutsch/Englisch?	miláte jermaniká
Wie bitte?	oríste
Ich verstehe nicht	den katalawéni
ja /nein	ne /ochi

[29] www.kretainfos.com: Redewendungen und Ausdrücke
9 Matala- Kreta

Literaturverzeichnis:

Guttenbrunner, Michael: Griechenland. Eine Landesstreifung, Wien, 2001

Hofstede, Geert: Lokales Denken, globales Handeln, München, 2001

Meraklis, Michalis G.:   Damals-Heute-Damals, Einführung in die griechische
Volkskunde, Köln, 2000

Moir, Alexej: KulturSchlüssel Griechenland, München, 2002

Stammer, Silvia: 114 Inseln , welche soll ich buchen? aus „Reisebild-
Spezial", Hamburg, 2003

Internetquellen:

➢ **Griechische Botschaft in Berlin:**
http://www.griechische-botschaft.de/erziehung/erziehungsstufen.htm
http://www.griechische-botschaft.de/politik/regierung/index.htm

➢ **Subiaco- Das Selbst und das Andere. Einwanderung und Gesellschaft**
http://www.go.bc.bw.schule.de/archiv/subiaco/daten_fakten.html
Quelle: www.bundesauslaenderbeauftragte.de

➢ **Kreta Informationen:**
http://www.kretainfos.com/sprache1.htm

Abbildungsverzeichnis:

1) **Griechische Flagge:** http://www.herz-kinder.de/Sprachen/sprachen.htm

2) **Konstantinos Stefanopoulos:**
   http://www.griechischebotschaft.de/politik/regierung/stefanopoulos.htm

3-8) verwendetes Programm „Kreisdiagramme": Microsoft Excel